ZENCOLOR
FREUDE & GLÜCK

Alles rund um das Thema
Zencolor finden Sie auf
www.zencolor.de

Illustrationen: Cordula Martens
Produktmanagement: Julia Götzschel
Druck: Neografia, Slowakei

1. Auflage 2015

ISBN 978-3-7724-8201-4
Best.-Nr. 8201

INHALT

EINLEITUNG

Jeder von uns sucht eine kleine Oase der Entspannung vom stressigen Alltag – in diesem Buch haben Sie sie möglicherweise gefunden. Eine so einfache Tätigkeit wie das Ausmalen wird bereits von vielen Experten als beruhigend und entspannend empfohlen – und bestimmte Muster und Farben können tatsächlich Einfluss auf unser Gefühlsleben nehmen.

In diesem Buch finden Sie Muster und Bilder, die speziell dafür konzipiert wurden, die Stimmung zu heben und Sorgen für einen Moment zu vergessen. Das Buch ist in 5 Kapitel geteilt, jedes enthält 20 Bilder, die Ihnen helfen, eine bestimmte Emotion zu wecken: Fröhlichkeit, Lebensfreude, Zufriedenheit, Zuversicht und Ausgeglichenheit. Suchen Sie sich einfach das Kapitel und das Bild aus, das sich für Sie richtig anfühlt. Greifen Sie dann besonders zu hellen und warmen Farben: ein sonniges Gelb, ein knalliges Orange, ein blumiges Pink, aber auch frisches Grün und Himmelblau erinnern uns an unbeschwerte Sommertage und versetzen uns ganz unterbewusst in gute Laune.

Kapitel 1

FRÖHLICHKEIT

Fröhlichkeit ist ein Gefühl der anhaltenden guten Laune und Freude. Eine solche Einstellung ist erlernbar, indem wir uns auf die positiven Seiten des Lebens konzentrieren und uns an kleinen Dingen erfreuen, aber auch, indem man sich im Laufe des Tages immer wieder Momente für das eigene Wohlbefinden schenkt. Gönnen Sie sich etwas Gutes und malen Sie ein schönes Bild aus. Die Motive in diesem Kapitel helfen Ihnen dabei. Sie finden unbeschwerte, lustige und heitere Figuren und Muster, die Ihre Laune schon beim Betrachten verbessern: Blumen, Ballons, Kleeblätter, leckere Cupcakes und viele beschwingte abstrakte Muster. Mit den richtigen Farben erwecken Sie sie dann zum Leben. Nehmen Sie am besten die strahlendsten und knalligsten Stifte, die Sie haben, um diese Bilder zu kolorieren. Lassen Sie Ihrer Fantasie freien Lauf und genießen Sie anschließend Ihr schönes Werk. Ihre Laune wird sich deutlich verbessern und Sie schaffen sich schöne Momente, über die Sie sich freuen können.

happy

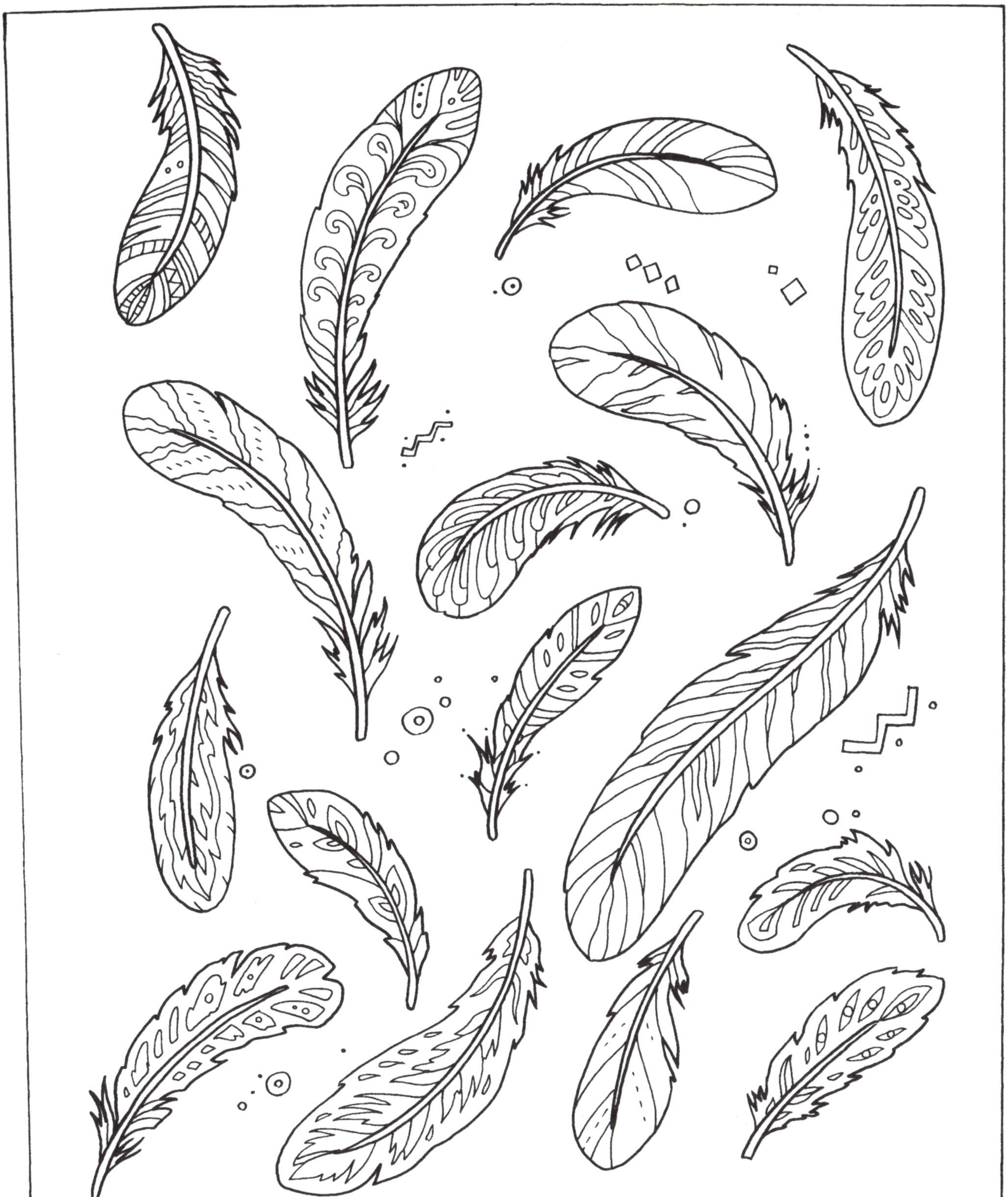

Kapitel 2

ZUFRIEDENHEIT

Viele Menschen glauben daran, dass sie Zufriedenheit erst erlangen können, wenn sie all ihre Ziele erreicht haben. Dabei können wir Zufriedenheit jeden Tag üben und trainieren. Zufriedenheit beruht auf Dankbarkeit gegenüber dem, was wir bereits haben. Sie bedeutet, unser erfülltes Leben auch als solches wahrzunehmen und es weiter anreichern zu können. Auch Sie können dieses Gefühl fördern. Es kann bereits helfen, wenn Sie sich jeden Tag zehn Minuten Zeit nehmen, um über all die positiven Dinge in Ihrem Leben nachzudenken.

Währenddessen können Sie eines der folgenden Bilder kolorieren. Sie zeigen viele ruhige, kleine Momente, erinnern an den schönen Urlaub, an einen Spätsommertag oder eine gute Tasse Tee im Winter. Benutzen Sie für diese Bilder blaue und violette Farben, denn sie haben eine beruhigende Wirkung auf unseren Geist, Magenta steht hingegen für Dankbarkeit. Ein tiefes Grün sorgt für ein Gefühl von Zufriedenheit und Entspannung. Nutzen Sie dieses Wissen, um Ihre Bilder entsprechend Ihrer gewünschten Stimmung zu gestalten.

Friede
Freude
Glück

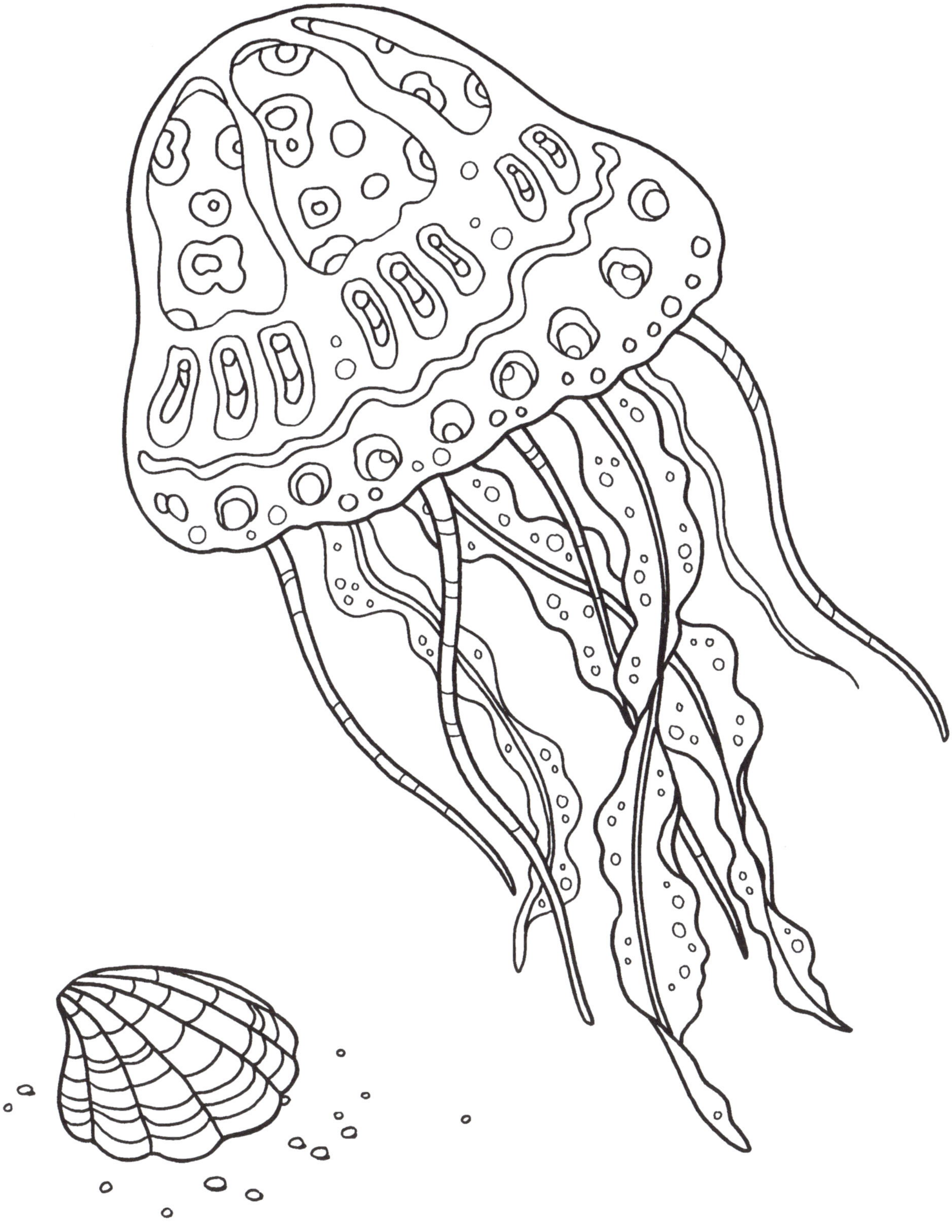

Kapitel 3

AUSGEGLICHENHEIT

Ausgeglichenheit bedeutet, dass wir uns weniger aufregen und gelassener mit stressigen Phasen umgehen. Doch wie erlangt man eine ausgeglichene Geisteshaltung? Viele Experten raten zu festen Ritualen, die uns Halt in unserer schnelllebigen Welt geben. Das kann zum Beispiel eine Tasse Tee sein, die jeden Morgen zelebriert wird. Oder ein schönes Bad nach einem stressigen Arbeitstag. Aber auch zehnminütiges Ausmalen zu einer festen Uhrzeit, zum Beispiel vor dem Schlafengehen, bringt den Geist zur Ruhe und entspannt schon durch die tägliche Wiederholung.

Die schönen Motive in diesem Kapitel sind speziell dazu konzipiert, für Ruhe und Gelassenheit zu sorgen. Nehmen Sie sich daher jeden Tag ein paar Minuten für sich und spüren Sie, wie Sie auch im Alltag gelassener werden. Schalten Sie dazu Ihr Telefon aus, legen Sie Ihre Stifte bereit, zünden Sie vielleicht sogar eine Kerze an und genießen Sie einfach den Moment.

Kraft

Kapitel 4

LEBENSFREUDE

Die folgenden Motive sind voller Glück und Energie: beschwingte Muster, strahlende Blüten, heiße Sommertage, quirlige Unterwasserszenen. Sie erinnern an sorgenfreie Zeiten wie lange Sommerabende und schöne Urlaubstage. Schon beim Betrachten der Bilder hebt sich unsere Laune ganz automatisch. Zum Kolorieren nutzen Sie alle Farben des Regenbogens. Das Leben ist bunt und so dürfen es auch Ihre Bilder sein. Lassen Sie Ihrer Fantasie freien Lauf. Ob türkisfarbene Seesterne, pinkfarbene Gitarren, strahlend gelbe Tomaten oder knallbunte Krabbelkäfer – alles, was Ihnen Freude bereitet, ist erlaubt.

Wenn Sie Ihre Laune noch mehr steigern möchten, öffnen Sie das Fenster ganz weit oder setzen Sie sich bei gutem Wetter doch gleich in den Park zum Kolorieren, frische Luft hilft nachweislich gegen ein Stimmungstief. Oder hören Sie Ihre persönliche Gute-Laune-Musik, während Sie ausmalen, und erinnern Sie sich an die schönen Momente, die Sie damit verbinden. Schlechte Laune verpufft so ganz von allein und macht Platz für sonnige Gedanken.

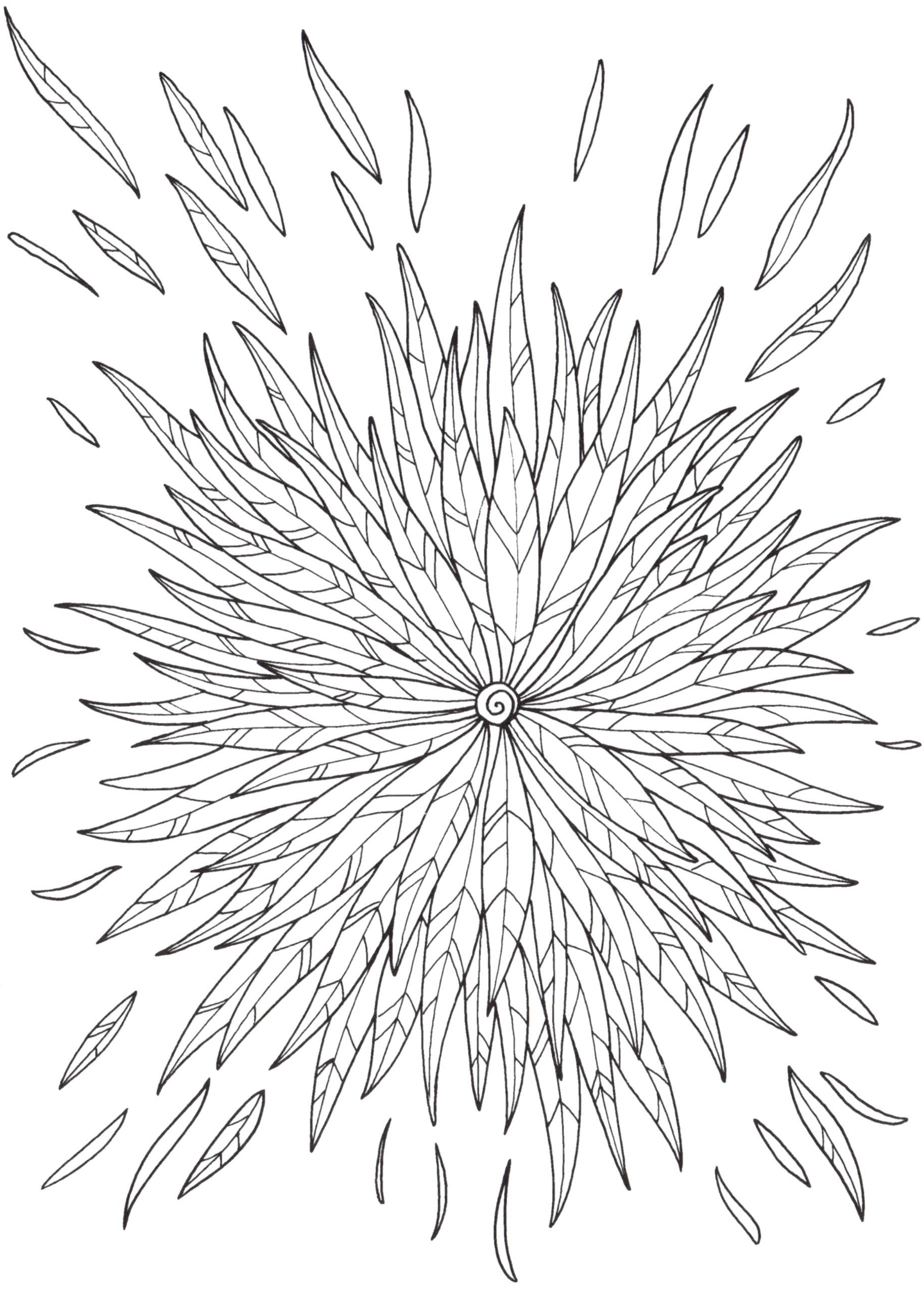

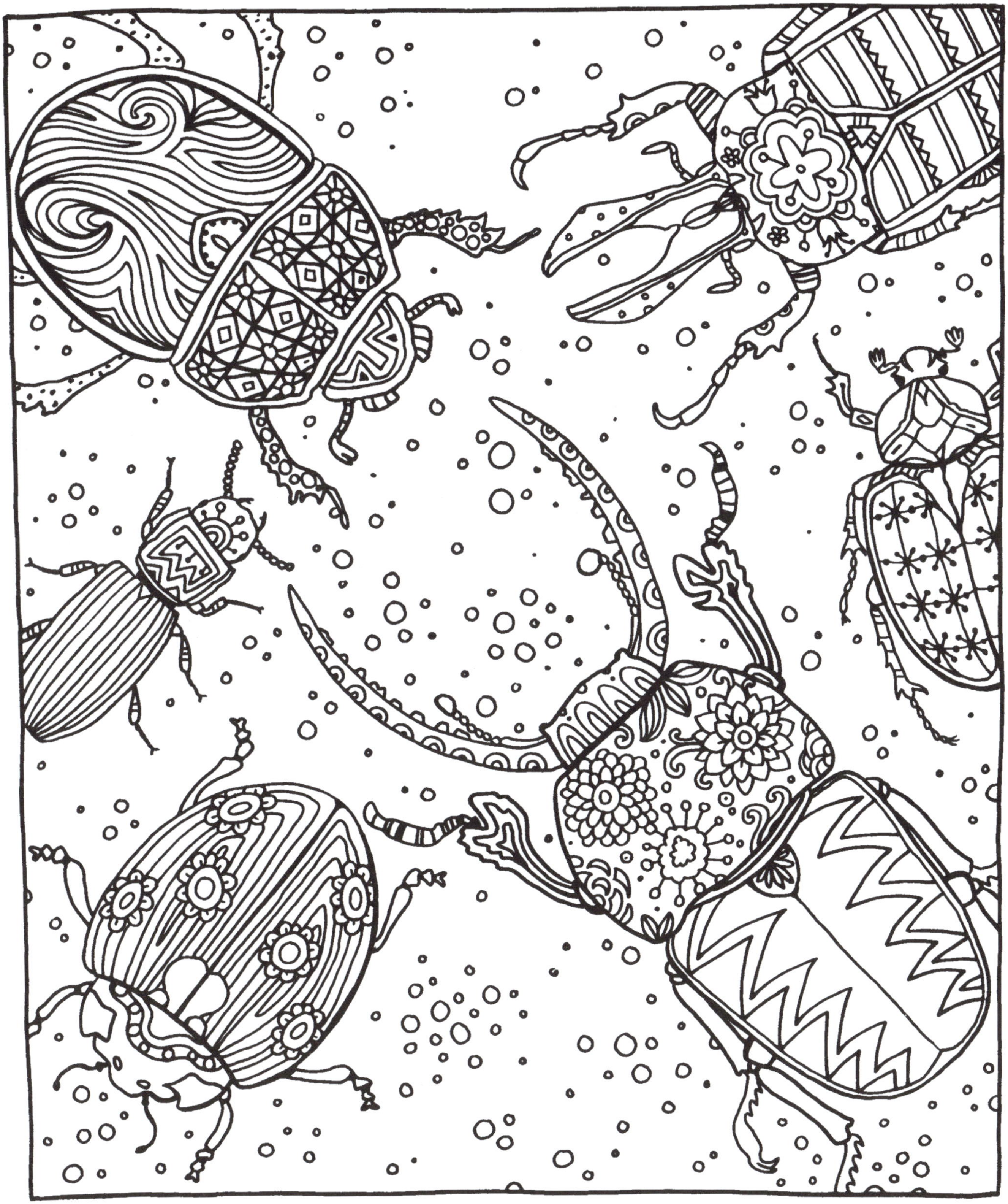

Kapitel 5

ZUVERSICHT

Ein Schiff, das der stürmischen See trotzt, die erste Sonne nach einem langen Winter, Glückssymbole wie der chinesische Drache Long: diese und viele weitere Bilder voller Hoffnung und Zuversicht finden Sie im folgenden Kapitel. Alle Bilder sind speziell dafür konzipiert, positive Assoziationen zu wecken und uns auch in schweren Zeiten zu guten Gedanken zu verhelfen. Sie geben uns kleine Momente der Ruhe, in denen wir zu uns selbst finden können.

Nutzen Sie vor allem in diesem Kapitel die verschiedenen Farbwirkungen beim Kolorieren der Bilder. Ein helles Gelb weckt Optimismus, Grün steht für Hoffnung, Blau fördert den inneren Frieden und Violett gibt geistige Kraft. Orange ist hingegen die Farbe der Veränderung und fördert gleichzeitig das emotionale Gleichgewicht. Arbeiten Sie doch ausnahmsweise auch mit weißen Stellen, denn Weiß gilt als reinigende und heilende Farbe. Letztlich hängt die Wirkung aller Farben aber immer von Ihren persönlichen Empfindungen und der Situation ab, also experimentieren Sie und arbeiten Sie mit den Farben, die Ihnen intuitiv am meisten zusagen.

Glück

LOVE

Wunder